新

步步高

보보고

중국어 입문

WORKBOOK

시사중국어사

차 례

01 과

听 Listening

1 녹음을 듣고 해당되는 운모를 찾아보세요. 🎧 01-01

(1) ☐ ü   ☐ i   (2) ☐ a   ☐ e

(3) ☐ o   ☐ u   (4) ☐ e   ☐ i

2 녹음을 듣고 해당되는 성모를 찾아보세요. 🎧 01-02

(1) ☐ bó   ☐ pó   (2) ☐ pǔ   ☐ fǔ

(3) ☐ mà   ☐ nà   (4) ☐ dī   ☐ tī

念 Reading

1 성모를 읽어 보세요. 🎧 01-03

(1) b   p   m   f

(2) d   t   n   l

(3) m   n   d   t

(4) l   f   b   p

2 운모를 읽어 보세요. 🎧 01-04

(1) a   o   e

(2) i   u   ü

(3) o   ü   e

(4) u   ü   a

3 성조에 주의하면서 읽어 보세요. 🎧 01-05

(1) yī   yí   yǐ   yì ·································· 一 yī

(2) wū   wú   wǔ   wù ·································· 五 wǔ

(3) bā   bá   bǎ   bà ·································· 八 bā

(4) mā   má   mǎ   mà ·································· 马 mǎ

(5) nī   ní   nǐ   nì ·································· 你 nǐ

(6) tā   tá   tǎ   tà ·································· 他 tā

4 발음의 차이점을 구분하면서 읽어 보세요. 🎧 01-06

(1) bō — pō   (2) má — fá

(3) dǎ — tǎ   (4) nǔ — lǔ

(5) wū — yū   (6) dù — tù

(7) nè — lè   (8) yí — yú

1 숫자를 중국어로 써 보세요.

(1) 5

(2) 1

(3) 8

2 한자를 병음으로 써 보세요.

(1) 她

(2) 妈妈

(3) 女

(4) 你

3 병음을 중국어로 써 보세요.

(1) bàba

(2) mǎ

(3) māma

(4) bā

听 Listening

1 녹음을 듣고 해당되는 운모를 찾아보세요. 🎧 02-01

(1) ☐ ai   ☐ ei

(2) ☐ an   ☐ ang

(3) ☐ en   ☐ eng

2 녹음을 듣고 해당되는 성모를 찾아보세요. 🎧 02-02

(1) ☐ gǎi   ☐ kǎi

(2) ☐ kāo   ☐ hāo

(3) ☐ gāng   ☐ hāng

念 Reading

1 성모를 읽어 보세요. 🎧 02-03

(1) g   k   h

(2) f   g   l

(3) p   k   t

(4) m   h   n

2 운모를 읽어 보세요. 🎧 02-04

    (1) ai   ei   ao   ou

    (2) an   ang

    (3) en   eng

    (4) ang   ong

3 성조에 주의하면서 읽어 보세요. 🎧 02-05

(1)	hāo	háo	hǎo	hào	·······················	好	hǎo
(2)	māng	máng	mǎng	–	·······················	忙	máng
(3)	–	hén	hěn	hèn	·······················	很	hěn
(4)	bū	bú	bǔ	bù	·······················	不	bù
(5)	tāi	tái	tǎi	tài	·······················	太	tài
(6)	gē	gé	gě	gè	·······················	哥	gē
(7)	dī	dí	dǐ	dì	·······················	弟	dì
(8)	–	méi	měi	mèi	·······················	妹	mèi

4 제3성의 성조변화에 주의하면서 읽어 보세요. 🎧 02-06

    (1) bǔkǎo   hěn máng   měihǎo

    (2) dǎdǎo   yǔfǎ   wǔdǎo

5 다음 문장을 읽어 보세요. 🎧 02-07

(1) 他妈妈很好。 / 她爸爸很好。

(2) 他哥哥不忙。 / 她弟弟不忙。

(3) 你弟弟忙吗? / 你妹妹忙吗?

(4) 她不太忙。 / 他哥哥不太忙。

(5) 她妈妈不太忙。 / 他爸爸不太忙。

写 Writing

1 한자를 병음으로 써 보세요.

(1) 好 [ ]   (2) 很 [ ]

(3) 妈 [ ]   (4) 忙 [ ]

(5) 太 [ ]   (6) 妹 [ ]

2 병음을 한자로 써 보세요.

(1) gēge [ ]   (2) māma [ ]

(3) dìdi [ ]   (4) mèimei [ ]

(5) bàba [ ]

3 병음으로 된 문장을 중국어 문장으로 바꾸어 보세요.

(1) Tā māma bú tài máng. ➡ ⁓⁓⁓⁓⁓⁓⁓⁓⁓⁓⁓⁓⁓⁓⁓⁓⁓⁓⁓⁓⁓⁓⁓⁓⁓⁓⁓⁓

(2) Tā mèimei bú tài máng. ➡ ⁓⁓⁓⁓⁓⁓⁓⁓⁓⁓⁓⁓⁓⁓⁓⁓⁓⁓⁓⁓⁓⁓⁓⁓⁓⁓⁓⁓

(3) Nǐ gēge máng ma? ➡ ⁓⁓⁓⁓⁓⁓⁓⁓⁓⁓⁓⁓⁓⁓⁓⁓⁓⁓⁓⁓⁓⁓⁓⁓⁓⁓⁓⁓

说 **Speaking**

1 주어진 사진을 보고 상황에 맞게 대화를 완성해 보세요.

(1)

Ⓐ 你好!

Ⓑ ⁓⁓⁓⁓⁓⁓⁓⁓⁓⁓⁓⁓⁓⁓⁓⁓⁓⁓⁓⁓⁓⁓⁓⁓⁓⁓⁓⁓⁓⁓

(2)

Ⓐ ⁓⁓⁓⁓⁓⁓⁓⁓⁓⁓⁓⁓⁓⁓⁓⁓⁓⁓⁓⁓⁓⁓⁓⁓⁓⁓⁓⁓ ?

Ⓑ 他不太忙。

(3)

Ⓐ 你忙吗?

Ⓑ ⁓⁓⁓⁓⁓⁓⁓⁓⁓⁓⁓⁓⁓⁓⁓⁓⁓⁓⁓⁓⁓⁓⁓⁓ 。你呢?

Ⓐ ⁓⁓⁓⁓⁓⁓⁓⁓⁓⁓⁓⁓⁓⁓⁓⁓⁓⁓⁓⁓⁓⁓ 。(不太)

听 Listening

1 녹음을 듣고 해당되는 운모를 찾아보세요. 🎧 03-01

(1) ☐ ia ☐ ie

(2) ☐ iao ☐ ian

(3) ☐ in ☐ ing

2 녹음을 듣고 해당되는 성모를 찾아보세요. 🎧 03-02

(1) ☐ qián ☐ xián

(2) ☐ jīng ☐ qīng

(3) ☐ piǎo ☐ qiǎo

念 Reading

1 성모를 읽어 보세요. 🎧 03-03

(1) g　　j　　q

(2) h　　x　　k

(3) l　　t　　q

(4) p　　f　　q

2 운모를 읽어 보세요. 🎧 03-04

(1) iou   iong

(2) ao   iao

(3) an   ian   iang

(4) ia   ie   iao   iou

3 성조에 주의하면서 읽어 보세요. 🎧 03-05

(1) qīng   qíng   qǐng   qìng   ·········· 请 qǐng

(2) jīn   –   jǐn   jìn   ·········· 进 jìn

(3) jiā   jiá   jiǎ   jià   ·········· 家 jiā

(4) piāo   piáo   piǎo   piào   ·········· 漂 piào

(5) –   liáng   liǎng   liàng   ·········· 亮 liàng

(6) xiē   xié   xiě   xiè   ·········· 谢 xiè

(7) kē   ké   kě   kè   ·········· 客 kè

(8) qī   qí   qǐ   qì   ·········· 气 qì

(9) jiē   jié   jiě   jiè   ·········· 姐 jiě

(10) liū   liú   liǔ   liù   ·········· 六 liù

(11) jiū   –   jiǔ   jiù   ·········· 九 jiǔ

4 다음 문장을 읽어 보세요. 🎧 03-06

(1) 请进。 / 请喝咖啡。 / 请喝可乐。

(2) 您很漂亮。 / 你姐姐很漂亮。 / 她家很漂亮。

(3) 谢谢你。 / 谢谢你妈妈。 / 谢谢你爸爸。

写 Writing

1 한자를 병음으로 써 보세요.

(1) 您		(2) 漂		
(3) 喝		(4) 姐		
(5) 请		(6) 客		
(7) 进		(8) 家		

2 숫자를 한자로 써 보세요.

(1) 5   (2) 7

(3) 8   (4) 6

3 병음으로 된 문장을 중국어 문장으로 바꾸어 보세요.

(1) Qǐng hē kělè. ➜

(2) Nǐ jiějie jiā hěn piàoliang. ➜

(3) Bú kèqi. → ~~~~~~~~~~~~~~~~~~~~~~~~~~~~~~~~~~~~~

(4) Tā hěn hǎo. → ~~~~~~~~~~~~~~~~~~~~~~~~~~~~~~~~~~~~~

(5) Nín hǎo. → ~~~~~~~~~~~~~~~~~~~~~~~~~~~~~~~~~~~~~

说 Speaking

1 주어진 사진을 보고 상황에 맞게 대화를 완성해 보세요.

(1)

Ⓐ 谢谢！

Ⓑ ~~~~~~~~~~~~~~~~~~~~~~~~~~~~~~~~~~~~~

(2)

Ⓐ 你很漂亮！

Ⓑ ~~~~~~~~~~~~~~~~~~~~~~~~~~~~~~~~~~~~~

(3)

Ⓐ 请喝咖啡。

Ⓑ ~~~~~~~~~~~~~~~~~~~~~~~~~~~~~~~~~~~~~

Ⓐ 不客气。

听 Listening

1 녹음을 듣고 해당되는 성모를 찾아보세요. 🎧 04-01

(1) ☐ zhuā   ☐ shuā

(2) ☐ chuài   ☐ shuài

(3) ☐ ruǎn   ☐ luǎn

2 녹음을 듣고 해당되는 운모를 찾아보세요. 🎧 04-02

(1) ☐ guō   ☐ gōu

(2) ☐ shuǐ   ☐ shǒu

(3) ☐ kuǎn   ☐ kǎn

3 녹음을 듣고 해당되는 성조를 찾아보세요. 🎧 04-03

(1) ☐ wěn   ☐ wén

(2) ☐ xiào   ☐ xiǎo

(3) ☐ xīng   ☐ xíng

4 녹음을 듣고 해당되는 그림을 찾아보세요. 🎧 04-04

(1) ❶ ☐  ❷ ☐

(2) ❶ ☐  ❷ ☐

念 Reading

1 성모를 읽어 보세요. 🎧 04-05

(1) j   zh

(2) q   ch

(3) x   sh

(4) r   l

2 운모를 읽어 보세요. 🎧 04-06

(1) an   ai   ei   en   eng   ang

(2) uan   uai   uei   uen   ueng   uang

3 성조에 주의하면서 읽어 보세요. 🎧 04-07

(1) wēn   wén   wěn   wèn   ·· 问 wèn

(2) shī   shí   shǐ   shì   ·· 是 shì

(3) xiāo   xiáo   xiǎo   xiào   ·· 小 xiǎo

(4) xīng   xíng   xǐng   xìng   ·· 姓 xìng

(5) jiāo   jiáo   jiǎo   jiào   ·· 叫 jiào

(6) huān   huán   huǎn   huàn   ·· 欢 huān

(7) yīng   yíng   yǐng   yìng   ·· 迎 yíng

(8) xiān   xián   xiǎn   xiàn   ·· 先 xiān

(9) shēng   shéng   shěng   shèng   ·································· 生 shēng

(10) wō   –   wǒ   wò   ·· 我 wǒ

4 다음 문장을 읽어 보세요. 🎧 04-08

(1) 我姓林。 / 她姓金。 / 我妈妈姓马。

(2) 我叫林小英。 / 她叫金多情。 / 哥哥叫李贤秀。

(3) 您是林小姐吗? / 她是金小姐吗? / 他是马先生吗?

写 Writing

1 한자를 병음으로 써 보세요.

(1) 问 　　　　　　　　　(2) 叫

(3) 是 　　　　　　　　　(4) 姓

(5) 对 　　　　　　　　　(6) 欢

(7) 小 　　　　　　　　　(8) 先

2 병음을 한자로 써 보세요.

(1) huānyíng 　　　　　　(2) xiānsheng

(3) xiǎojiě 　　　　　　　(4) qǐng wèn

3 병음으로 된 문장을 중국어 문장으로 바꾸어 보세요.

(1) Huānyíng nín. ➡

(2) Wǒ jiào Lǐ Xiánxiù. ➡

(3) Tā shì Jīn xiǎojiě. ➡

4 빈칸을 적절한 단어로 채워 보세요.

(1) 她 　　　　　 林 , 　　　　　 林小英。

(2) 她 　　　　　 金 , 　　　　　 金多情。

1 주어진 사진을 보고 상황에 맞게 대화를 완성해 보세요.

(1)

Ⓐ 请问，您贵姓？

Ⓑ _____

(본인의 성씨를 쓰세요.)

(2)

Ⓐ _____ ？

Ⓑ 我姓李。

(3)

Ⓐ 你叫什么名字？

Ⓑ _____

(본인의 이름을 쓰세요.)

(4)

Ⓐ ~~~~~~~~~~~~~~~~~~~~~~~~~~~~~~~~~~~~~~~？

Ⓑ 她姓金。

(5)

Ⓐ ~~~~~~~~~~~~~~~~~~~~~~~~~~~~~~~~~~~~~~~？

Ⓑ 她叫金多情。

听 Listening

1 녹음을 듣고 해당되는 성모를 찾아보세요. 🎧 05-01

(1) ☐ rùn ☐ lùn

(2) ☐ jū ☐ xū

(3) ☐ lǔ ☐ nǔ

2 녹음을 듣고 해당되는 운모를 찾아보세요. 🎧 05-02

(1) ☐ lǜ ☐ lüe

(2) ☐ xuán ☐ xún

(3) ☐ yuè ☐ yùn

3 녹음을 듣고 해당되는 성조를 찾아보세요. 🎧 05-03

(1) ☐ yū ☐ yú

(2) ☐ quán ☐ quǎn

(3) ☐ jūn ☐ jùn

4 녹음을 듣고 해당되는 그림을 찾아보세요. 🎧 05-04

(1) ❶ ☐ 　　　　❷ ☐

(2) ❶ ☐ 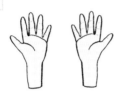　　　　❷ ☐

(3) ❶ ☐ 　　　　❷ ☐

念 Reading

1 운모를 읽어 보세요. 🎧 05-05

(1) ü　　üe　　üan

(2) ün　　uen

(3) ün　　üan　　uan　　uang

2 성조에 주의하면서 읽어 보세요. 🎧 05-06

(1) tōng   tóng   tǒng   tòng   ················   同   tóng

(2) xuē   xué   xuě   xuè   ················   学   xué

(3) guō   guó   guǒ   guò   ················   国   guó

(4) –   rén   rěn   rèn   ················   人   rén

(5) dōng   –   dǒng   dòng   ················   懂   dǒng

(6) hān   hán   hǎn   hàn   ················   韩   Hán

(7) yū   yú   yǔ   yù   ················   语   yǔ

(8) gē   gé   gě   gè   ················   个   gè

(9) qī   qí   qǐ   qì   ················   七   qī

3 '一'의 성조변화에 주의하면서 읽어 보세요. 🎧 05-07

(1) yígài   yígè   yígòng

(2) yìdāo   yìhéng   yìpěng

4 다음 문장을 읽어 보세요. 🎧 05-08

(1) 他是谁? / 这位小姐是谁? / 那个人是谁?

(2) 他是我同学。 / 他是我哥哥。 / 她是我妈妈。

(3) 他是哪国人? / 你同学是哪国人? / 李先生是哪国人?

(4) 他是韩国人吗? / 她是美国人吗? / 林小姐是中国人吗?

(5) 她懂汉语。 / 我妈妈懂英语。 / 金小姐不懂汉语。

写 Writing

1 한자를 병음으로 써 보세요.

(1) 这

(2) 那

(3) 哪

(4) 谁

(5) 位

(6) 本

(7) 韩

(8) 汉

2 병음을 한자로 써 보세요.

(1) Hánguó

(2) Rìběn

(3) tóngxué

(4) Měiguó

3 한자의 병음과 뜻을 빈칸에 써 보세요.

	한자	병음	뜻		한자	병음	뜻
(1)	七			(2)	十		
(3)	八			(4)	六		
(5)	九			(6)	五		

4 병음으로 된 문장을 중국어 문장으로 바꾸어 보세요.

(1) Zhè wèi xiānsheng shì shéi? → ~~~~~~~~~~~~~~~~~~~~~~~~~~

(2) Tā shì shéi? → ~~~~~~~~~~~~~~~~~~~~~~~~~~

(3) Nǐ shì nǎ guó rén? → ~~~~~~~~~~~~~~~~~~~~~~~~~~

(4) Nǐ tóngxué shì nǎ guó rén? → ~~~~~~~~~~~~~~~~~~~~~~~~~~

说 Speaking

1 주어진 사진을 보고 상황에 맞게 대화를 완성해 보세요.

(1)

Ⓐ ~~~~~~~~~~~~~~~~~~~~~~~~~~~~~~~~ ?

Ⓑ 她是我同学林小英。

(2)

Ⓐ ~~~~~~~~~~~~~~~~~~~~~~~~~~~~~~~~ ?

Ⓑ 对，他是中国人。

(3)

Ⓐ 金小姐是中国人吗?

Ⓑ 不是，～～～～～～～～～～～～～～～～～～

(4)

Ⓐ 请问，～～～～～～～～～～～～～～～～?

Ⓑ 我姓李。

Ⓐ ～～～～～～～～～～～～～～～～～～?

Ⓑ 对，我是韩国人。

听 Listening

1 녹음을 듣고 해당되는 성모를 찾아보세요. 🎧 06-01

(1) ☐ zài ☐ cài

(2) ☐ zǒu ☐ sǒu

(3) ☐ sǎn ☐ zǎn

2 녹음을 듣고 해당되는 운모를 찾아보세요. 🎧 06-02

(1) ☐ cuī ☐ cūn

(2) ☐ shǎng ☐ shuǎng

(3) ☐ zǒu ☐ zuǒ

3 녹음을 듣고 해당되는 성조를 찾아보세요. 🎧 06-03

(1) ☐ wéi ☐ wèi

(2) ☐ huǐ ☐ huì

(3) ☐ wú ☐ wǔ

4 녹음을 듣고 해당되는 그림을 찾아보세요. 🎧 06-04

(1) ❶ ☐　　　　　　　　　　　　❷ ☐

(2) ❶ ☐　　　　　　　　　　　　❷ ☐

念 **Reading**

1 성모를 읽어 보세요. 🎧 06-05

(1)　z　　c　　s

(2)　j　　z　　zh

(3)　q　　c　　ch

(4)　x　　s　　sh

2 성조에 주의하면서 읽어 보세요. 🎧 06-06

(1) wēi　wéi　wěi　wèi　⋯⋯⋯⋯⋯⋯⋯⋯⋯　喂　wèi / wéi

(2) huī　huí　huǐ　huì　⋯⋯⋯⋯⋯⋯⋯⋯⋯⋯　回　huí

(3) –　lái　–　lài　⋯⋯⋯⋯⋯⋯⋯⋯⋯⋯⋯⋯　来　lái

(4) xiā　xiá　–　xià　⋯⋯⋯⋯⋯⋯⋯⋯⋯⋯⋯　下　xià

(5) wū　wú　wǔ　wù　⋯⋯⋯⋯⋯⋯⋯⋯⋯⋯⋯　午　wǔ

(6) dā　dá　dǎ　dà　⋯⋯⋯⋯⋯⋯⋯⋯⋯⋯⋯　打　dǎ

(7) diān　–　diǎn　diàn　⋯⋯⋯⋯⋯⋯⋯⋯⋯　电　diàn

(8) huā　huá　–　huà　⋯⋯⋯⋯⋯⋯⋯⋯⋯⋯　话　huà

(9) jiān　–　jiǎn　jiàn　⋯⋯⋯⋯⋯⋯⋯⋯⋯⋯　见　jiàn

(10) sān　–　sǎn　sàn　⋯⋯⋯⋯⋯⋯⋯⋯⋯⋯　三　sān

(11) sī　–　sǐ　sì　⋯⋯⋯⋯⋯⋯⋯⋯⋯⋯⋯⋯　四　sì

3 다음 문장을 읽어 보세요. 🎧 06-07

(1) 李先生在吗？ / 林小姐在吗？ / 你爸爸在吗？

(2) 李先生不在。 / 她不在。 / 我妈妈下午不在家。

(3) 你是金小姐吧？ / 您是李先生吧？ / 你是中国人吧？

(4) 他姓李吧？ / 你懂汉语吧？ / 她是你姐姐吧？

(5) 他下午回来。 / 我哥哥下午回来。 / 我爸爸下午回来。

写 Writing

1 한자를 병음으로 써 보세요.

(1) 喂 _____   (2) 再 _____

(3) 见 _____   (4) 来 _____

(5) 回 _____   (6) 吧 _____

(7) 打 _____   (8) 在 _____

2 병음을 한자로 써 보세요.

(1) shàngwǔ _____   (2) xiàwǔ _____

(3) diànhuà _____   (4) zàijiàn _____

3 한자의 병음과 뜻을 빈칸에 써 보세요.

	한자	병음	뜻		한자	병음	뜻
(1)	三			(2)	四		
(3)	十			(4)	六		
(5)	九			(6)	一		

4 병음으로 된 문장을 중국어 문장으로 바꾸어 보세요.

(1) Nǐ tóngxué shì Hánguórén ba? ➔ _____

(2) Wǒ bàba māma xiàwǔ huílai. ➔ _____

(3) Lǐ xiānsheng bú zài. ➔ _____

(4) Jīn xiǎojiě zài ma? ➔ _____

1 주어진 사진을 보고 상황에 맞게 대화를 완성해 보세요.

(1)

Ⓐ 再见!

Ⓑ ～～～～～～～～～～～～～～～～～～～～～～～～

(2)

Ⓐ ～～～～～～～～～～～～～～～～～～～～～～？

Ⓑ 她不在。请问,～～～～～～～～～～～～？

Ⓐ 我姓李。

(3)

Ⓐ 那位先生是你同学吧?

Ⓑ 对,～～～～～～～～～～～～～～～～～～

Ⓐ ～～～～～～～～～～～～～～～～～～～～～？

Ⓑ 他不懂汉语。

1 녹음을 듣고 해당되는 성모를 찾아보세요. 🎧 07-01

(1) ☐ pá   ☐ fá

(2) ☐ rán   ☐ lán

(3) ☐ xiā   ☐ jiā

2 녹음을 듣고 해당되는 운모를 찾아보세요. 🎧 07-02

(1) ☐ huàn   ☐ huàng

(2) ☐ sūn   ☐ sēn

(3) ☐ rén   ☐ réng

3 녹음을 듣고 해당되는 성조를 찾아보세요. 🎧 07-03

(1) ☐ kōu   ☐ kòu

(2) ☐ yóu   ☐ yòu

(3) ☐ liǎng   ☐ liàng

4 녹음을 듣고 해당되는 한자를 찾아보세요. 🎧 07-04

(1) ☐ 和   ☐ 很

(2) ☐ 几   ☐ 九

(3) ☐ 姓   ☐ 兄

(4) ☐ 回   ☐ 问

念 Reading

1 발음과 성조를 구분하여 읽어 보세요. 🎧 07-05

(1) páichì — páiqì

(2) pínkǔ — pínggǔ

(3) yúrè — yúlè

(4) gānjìng — gǎnjǐn

(5) fāshāo — fàshāo

2 성조에 주의하면서 읽어 보세요. 🎧 07-06

(1) jī   jí   jǐ   jì .... 几 jǐ

(2) kōu – kǒu   kòu .... 口 kǒu

(3) yōu   yóu   yǒu   yòu .... 有 yǒu

(4) –　ér　ěr　èr　·················　二　èr

(5) –　liáng　liǎng　liàng　·················　两　liǎng

(6) hē　hé　–　hè　·················　和　hé

(7) –　méi　měi　mèi　·················　没　méi

3 다음 문장을 읽어 보세요. 🎧 07-07

(1) 金小姐家有几口人？ / 你家有几口人？ / 她家有几口人？

(2) 你有几个兄弟姐妹？ / 你有几个姐姐？ / 他有几个哥哥？

(3) 你有中国朋友吗？ / 你有兄弟吗？ / 你有弟弟吗？

(4) 我有两个中国朋友。 / 我家有八口人。 / 她有一个妹妹。

(5) 我也有一个妹妹。 / 他也是中国人。 / 我也很好。

写 Writing

1 한자를 병음으로 써 보세요.

(1) 有 [　　　　] 　(2) 口 [　　　　]

(3) 没 [　　　　] 　(4) 也 [　　　　]

(5) 和 [　　　　] 　(6) 两 [　　　　]

(7) 奶 [　　　　] 　(8) 爷 [　　　　]

2 병음을 한자로 써 보세요.

(1) dúshēngnǚ [   ]   (2) xiōngdì [   ]

(3) jiěmèi [   ]   (4) yéye [   ]

3 한자의 병음과 뜻을 빈칸에 써 보세요.

	한자	병음	뜻		한자	병음	뜻
(1)	二			(2)	八		
(3)	四			(4)	十		
(5)	七			(6)	三		

4 병음으로 된 문장을 중국어 문장으로 바꾸어 보세요.

(1) Wǒ méiyǒu xiōngdì jiěmèi.   →

(2) Lǐ xiānsheng jiā yǒu sān kǒu rén.   →

(3) Xièxie nǐ hé Lǐ xiānsheng.   →

(4) Lǐ xiānsheng hé Lín xiǎojiě shì tóngxué.   →

说 **Speaking**

1 주어진 사진을 보고 상황에 맞게 대화를 완성해 보세요.

(1)

Ⓐ 〰〰〰〰〰〰〰〰〰〰〰〰〰〰〰〰 ?

Ⓑ 他家有五口人。

(2)

Ⓐ 〰〰〰〰〰〰〰〰〰〰〰〰〰〰〰〰 ?

Ⓑ 我有姐姐。

(3)

Ⓐ 〰〰〰〰〰〰〰〰〰〰〰〰〰〰〰〰 ?

Ⓑ 我有三个妹妹。

听 Listening

1 녹음을 듣고 해당되는 성조를 찾아보세요. 🎧 08-01

(1) ☐ dōu tīng   ☐ dōu tíng

(2) ☐ shāngpǐn   ☐ shàngpǐn

(3) ☐ dàjiā   ☐ dǎjià

(4) ☐ huòzhě   ☐ huózhe

(5) ☐ rénshēng   ☐ rènshēng

2 녹음을 듣고 문장의 옳고 그름을 판단해 보세요. 🎧 08-02

(1) 林小姐有兄弟姐妹。   ◯ ☐   ✕ ☐

(2) 他在北京学习汉语。   ◯ ☐   ✕ ☐

(3) 我家有十口人。   ◯ ☐   ✕ ☐

(4) 她叫林小英。   ◯ ☐   ✕ ☐

(5) 她有七个中国朋友。   ◯ ☐   ✕ ☐

1 다음 음절을 읽어 보세요. 🎧 08-03

(1) wǔdǎo   yǒuhǎo   yǎnchū   huǒchē

(2) bǐjiào   mǎlù   zhuōzi   bānshang

(3) lǎoshī   sǎngzi   dìshang   biǎoyáng

2 다음 문장을 읽어 보세요. 🎧 08-04

(1) 请喝咖啡。 / 请喝可乐。

(2) 那位小姐是谁? / 这位先生是谁?

(3) 你是中国人吧? / 他是你朋友吧?

(4) 我姓李，叫李贤秀。 / 她姓林，叫林小英。

(5) 你爸爸、妈妈忙吗? / 你爸爸、妈妈好吗?

(6) 你有几个姐姐? / 金小姐家有几口人?

1 병음을 한자로 써 보세요.

(1) piàoliang

(2) tóngxué

(3) xiānsheng

(4) zàijiàn

(5) huānyíng

(6) xiàwǔ

2 병음으로 된 문장을 중국어 문장으로 바꾸어 보세요.

(1) Lǐ xiānsheng hé Jīn xiǎojiě shì tóngxué.

→

(2) Wǒ yě méiyǒu xiōngdì jiěmèi.

→

(3) Wǒ bú shì dúshēngnǚ.

→

(4) Lǐ xiānsheng zài Zhōngguó xuéxí Hànyǔ.

→

(5) Wǒ bàba zài gōngsī gōngzuò.

→

3 보기에서 적절한 단어를 골라서 문장을 완성하세요.

보기　　姓　　有　　懂　　喝　　在

(1) 他 ☐ 一个弟弟和两个妹妹。

(2) 她妈妈 ☐ 李。

(3) 李先生不 ☐ 家。

(4) 我爸爸不 ☐ 咖啡。

(5) 她姐姐 ☐ 韩语吗？

1 주어진 사진을 보고 상황에 맞게 대화를 완성해 보세요.

(1)

Ⓐ 〰〰〰〰〰〰〰〰〰〰〰〰〰〰〰〰〰〰？

Ⓑ 我是韩国人。

(2)

Ⓐ 〰〰〰〰〰〰〰〰〰〰〰〰〰〰〰〰〰〰？

Ⓑ 我叫金多情。

(3)

Ⓐ 请问，〰〰〰〰〰〰〰〰〰〰〰〰〰？

Ⓑ 林小姐不在。

Ⓐ 谢谢你！

Ⓑ 〰〰〰〰〰〰〰〰〰〰〰〰〰〰〰〰〰〰

(4)

Ⓐ 〰〰〰〰〰〰〰〰〰〰〰〰〰〰〰〰〰〰？

Ⓑ 我家有五口人。

Ⓐ 〰〰〰〰〰〰〰〰〰〰〰〰〰〰〰〰〰〰？

Ⓑ 对，我学习汉语。

Ⓐ 〰〰〰〰〰〰〰〰〰〰〰〰〰〰〰〰〰〰？

Ⓑ 有，我有两个中国朋友。

听 Listening

1 녹음을 듣고 빈칸에 해당되는 날짜를 써 보세요. 🎧 09-01

(1) 明天是 ⬜⬜⬜⬜⬜ 月 ⬜⬜⬜⬜⬜ 号。

(2) 我的生日是 ⬜⬜⬜⬜⬜ 月 ⬜⬜⬜⬜⬜ 号。

(3) 他爸爸的生日是 ⬜⬜⬜⬜⬜ 月 ⬜⬜⬜⬜⬜ 号。

(4) 星期五是 ⬜⬜⬜⬜⬜ 月 ⬜⬜⬜⬜⬜ 号。

2 녹음을 듣고 해당되는 내용을 골라서 빈칸에 넣어 보세요. 🎧 09-02

(1) 今天是 ⬜⬜⬜⬜⬜ 。 （ ① 星期四 ／ ② 星期五 ）

(2) 他妹妹 ⬜⬜⬜⬜⬜ 回来。 （ ① 9月28号 ／ ② 8月29号 ）

(3) 明天 ⬜⬜⬜⬜⬜ 。 （ ① 1月17号 ／ ② 7月17号 ）

(4) 今天 ⬜⬜⬜⬜⬜ 。 （ ① 星期天 ／ ② 星期三 ）

3 녹음을 듣고 문장의 옳고 그름을 판단해 보세요. 🎧 09-03

(1) 李先生的生日是7月18号。 ○ ⬜ ✕ ⬜

(2) 今天是星期六。 ○ ⬜ ✕ ⬜

(3) 他5号回来。   ○ □   × □

(4) 贤秀的生日是4月30号。   ○ □   × □

念 Reading

1 다음 숫자를 중국어로 읽어 보세요. 🎧 09-04

(1)   14   26   47   69   82

(2)   36   51   23   78   97

2 다음 문장을 읽어 보세요. 🎧 09-05

(1) 今天星期几？ / 明天星期几？

(2) 祝爷爷生日快乐！ / 祝妈妈生日快乐！

(3) 8月16号是星期几？ / 11月25号是星期几？

(4) 星期三是几月几号？ / 星期天是几月几号？

(5) 我的生日是2月8号。 / 他爸爸的生日是12月26号。

(6) 今天星期六，明天星期日。 / 今天星期三，明天星期四。

(7) 明天不是星期五，是星期四。 / 明天不是星期一，是星期二。

1 한자를 병음으로 써 보세요.

(1) 星 _____   (2) 今 _____

(3) 们 _____   (4) 错 _____

(5) 乐 _____   (6) 祝 _____

(7) 月 _____   (8) 号 _____

2 병음을 한자로 써 보세요.

(1) shēngrì _____   (2) kuàilè _____

(3) nǐmen _____   (4) xīngqītiān _____

3 병음으로 된 문장을 중국어 문장으로 바꾸어 보세요.

(1) Jīntiān jiǔ yuè shí'èr hào, xīngqīrì.

→ _____

(2) Míngtiān liù yuè èrshíbā hào, xīngqīsān.

→ _____

(3) Zhù nǐ shēngrì kuàilè.

→ _____

(4) Nǐ cuò le.

→ _____

1 밑줄 친 부분에 근거하여 질문해 보세요.

(1) 明天31号。

→ ～～～～～～～～～～～～～～～～～～～～～～～～～～～～～～～～～～

(2) 星期五是10月24号。

→ ～～～～～～～～～～～～～～～～～～～～～～～～～～～～～～～～～～

(3) 6月19号是星期六。

→ ～～～～～～～～～～～～～～～～～～～～～～～～～～～～～～～～～～

(4) 我爷爷的生日是8月16号，星期三。

→ ～～～～～～～～～～～～～～～～～～～～～～～～～～～～～～～～～～

2 주어진 사진을 보고 상황에 맞게 대화를 완성해 보세요.

(1)

Ⓐ 1月1号是 ～～～～～～～～～～？

Ⓑ 星期四。

(2)

Ⓐ ～～～～～～～～～～～～～？

Ⓑ 你错了。明天不是20号，是21号。

(3)

Ⓐ 你的生日是几月几号?

Ⓑ ～～～～～～～～～～～～～～～～～～～～～～～

Ⓐ ～～～～～～～～～～～～～～～～～～～～～ ?

Ⓑ 星期一。

3 다음 질문에 자유롭게 대답해 보세요.

(1) 今天几号? 明天呢?

→ ～～～～～～～～～～～～～～～～～～～～～～

(2) 今天星期几? 明天呢?

→ ～～～～～～～～～～～～～～～～～～～～～～～～～～～～～～

(3) 星期五是几月几号?

→ ～～～～～～～～～～～～～～～～～～～～～～～～～～～

(4) 今天是10月3号吗?

→ ～～～～～～～～～～～～～～～～～～～～～～～～～～～～

(5) 你的生日是几月几号? 你妈妈的生日呢?

→ ～～～～～～～～～～～～～～～～～～～～～～～～～～～～～～

10 과

1 녹음을 듣고 전화번호를 써 보세요. 🎧 10-01

(1) 林小英的电话号码是 _____。

(2) 金多情的电话号码是 _____。

(3) 李贤秀的电话号码是 _____。

(4) 我哥哥的电话号码是 _____。

2 녹음을 듣고 보기 중 답을 고르세요. 🎧 10-02

(1) 她的房间号码是多少? (① 1524 / ② 1924)

(2) 林小姐家的电话号码是多少? (① 81734120 / ② 89134120)

(3) 他有几个兄弟姐妹? (① 10 / ② 4)

3 녹음을 듣고 문장의 옳고 그름을 판단해 보세요. 🎧 10-03

(1) 贤秀的房间号码是1214。 ○ ☐ ✕ ☐

(2) 金小姐的电话号码是62771505。 ○ ☐ ✕ ☐

(3) 他没有身份证。 ○ ☐ ✕ ☐

念 Reading

1 다음 번호를 읽어 보세요. 🎧 10-04

(1)

136-8230-4144

137-1752-1047

139-1021-9014

(2)

210113199409256118

210113197202040061

371654198912312584

2 다음 문장을 읽어 보세요. 🎧 10-05

(1) 这是我的身份证。 / 那是我的护照。

(2) 我家有三个房间。 / 我姐姐家有五个房间。

(3) 你的护照号码是多少? / 金小姐的房间号码是多少?

(4) 我家的电话号码是82305066。 / 我们学校的电话号码是82513866。

1 한자를 병음으로 써 보세요.

(1) 码

(2) 多

(3) 零

(4) 男

(5) 机

(6) 身

(7) 证

(8) 护

2 병음을 한자로 써 보세요.

(1) fángjiān

(2) chūshì

(3) hùzhào

(4) duōshao

3 병음으로 된 문장을 중국어 문장으로 바꾸어 보세요.

(1) Wǒ de shǒujī hàomǎ shì yāo sān liù líng yāo wǔ qī bā jiǔ jiǔ wǔ.

→

(2) Zhè shì wǒ de shēnfènzhèng.

→

(3) Wǒ jiā yǒu sān ge fángjiān.

→

(4) Wǒ méiyǒu hùzhào.

→

4 보기에서 적절한 동사를 골라서 문장을 완성하세요.

보기 　　　喝　　出示　　要

(1) 请 ⬜⬜⬜⬜⬜ 您的护照。

(2) 请 ⬜⬜⬜⬜⬜ 咖啡。

(3) 我们 ⬜⬜⬜⬜⬜ 四个房间。

说 Speaking

1 보기를 참고하여 '几' 또는 '多少'를 사용한 의문문을 만들어 보세요.

보기 　　她有三个妹妹。→ 她有几个妹妹?

(1) 李先生的手机号码是136-7108-8071。

→

(2) 林小英有十五个同学。

→

(3) 我的房间号码是1715。

→

(4) 金小姐家有三个房间。

→

2 주어진 사진을 보고 상황에 맞게 대화를 완성해 보세요.

(1)

Ⓐ 你有手机吗？

Ⓑ _____

Ⓐ _____ ?

Ⓑ 138-1758-8829。

(2)

Ⓐ _____ ?

Ⓑ 有，我有两个弟弟。_____ ?

Ⓐ 我没有弟弟。

(3)

Ⓐ _____ ?

Ⓑ 我家的电话号码是8230-5066。

3 다음 질문에 자유롭게 대답해 보세요.

(1) 你家的电话号码是多少？

→ _____

(2) 你的护照号码是多少？

→ _____

(3) 你有手机吗？号码是多少？

→ _____

听 Listening

1 녹음을 듣고 시간을 써 보세요. 🎧 11–01

(1) ～～～～～～～～～～   (2) ～～～～～～～～～～

(3) ～～～～～～～～～～   (4) ～～～～～～～～～～

(5) ～～～～～～～～～～   (6) ～～～～～～～～～～

2 녹음을 듣고 해당되는 내용을 골라서 빈칸에 넣어 보세요. 🎧 11–02

(1) 现在 ☐ 。   (① 8:45 / ② 9:15)

(2) 她们 ☐ 走。   (① 11:45 / ② 11:15)

(3) 林小姐明天下午 ☐ 回来。   (① 2:45 / ② 2:30)

(4) 他们 ☐ 上课。   (① 9:10 / ② 8:50)

1 시계를 보고 표시된 시각을 중국어로 읽어 보세요. 🎧 11-03

1:30	2:25	9:45	10:55
3:15	6:05	8:35	11:10

2 다음 문장을 읽어 보세요. 🎧 11-04

(1) 现在上课了。 / 他们走了。 / 林小英回来了。

(2) 今天没上课。 / 他们没走。 / 他妹妹没回来。

(3) 我们九点走。 / 你们下午两点上课。 / 他明天上午十点来北京。

1 한자를 병음으로 써 보세요.

(1) 现 ☐ (2) 咱 ☐

(3) 半 ☐ (4) 差 ☐

(5) 刻 ☐ (6) 课 ☐

(7) 点 ☐ (8) 分 ☐

2 병음을 한자로 써 보세요.

(1) qǐ chuáng ☐ (2) zāogāo ☐

(3) chídào ☐ (4) xià kè ☐

3 병음으로 된 문장을 중국어 문장으로 바꾸어 보세요.

(1) Xiànzài chà wǔ fēn liǎng diǎn. →

(2) Nǐmen jǐ diǎn shàng kè? →

(3) Wǒ jīntiān méi chídào. →

(4) Nǐ jǐ diǎn qǐ chuáng? →

4 보기에서 적절한 의문사를 골라서 문장을 완성하세요.

보기　　　　　几　　多少

(1) 现在是 _____ 月?

(2) 咱们 _____ 点上课?

(3) 二月四号是星期 _____ ?

(4) 你家的电话号码是 _____ ?

(5) 他的生日是 _____ 月 _____ 号?

说 Speaking

1 다음 질문에 부정문으로 대답하세요.

(1) 今天你迟到了吗? ➡

(2) 他哥哥来中国了吗? ➡

(3) 他们走了吗? ➡

(4) 你有手机吗? ➡

(5) 现在是十二点半吗? ➡

2 주어진 사진을 보고 상황에 맞게 대화를 완성하세요.

(1)

Ⓐ _____?

Ⓑ 现在八点三十五分了。

Ⓐ 糟糕，我迟到了。

(2)

Ⓐ _____?

Ⓑ 我六点半起床，你呢？

Ⓐ _____

(3)

Ⓐ 咱们明天上午几点走？

Ⓑ _____ (8:45)

Ⓐ _____?

Ⓑ 下午五点一刻回来。

3 다음 질문에 자유롭게 대답해 보세요.

(1) 现在几点了？ → _____

(2) 你几点上课？ → _____

(3) 你几点下课？ → _____

(4) 你几点起床？ → _____

12 과

听 Listening

1 녹음을 듣고 빈칸을 채워 보세요. 🎧 12-01

(1) [　　　　] 个人是她哥哥?

(2) 我的手机在 [　　　　] ?

(3) [　　　　] 座楼就是教学楼。

(4) 那 [　　　　] 人是你弟弟吗?

(5) 哪 [　　　　] 楼是教学楼?

(6) 那 [　　　　] 同学是谁?

2 녹음을 듣고 문장의 옳고 그름을 판단해 보세요. 🎧 12-02

(1) 小英家在马先生家前边。　　　　○ ☐　　×☐

(2) 多情的家很远。　　　　○ ☐　　×☐

(3) 教学楼在十字路口的左边。　　　　○ ☐　　×☐

念 Reading

1 다음 문장을 읽어 보세요. 🎧 12-03

(1) 教学楼远吗? / 他家远吗? / 你爷爷奶奶家远吗?

(2) 教学楼在哪儿? / 金小姐在哪儿? / 你家的电话在哪儿?

(3) 教学楼在前边。 / 林小姐家在前边。 / 李先生家在左边。

(4) 前边就是她家。 / 左边就是教学楼。 / 他就是我哥哥。

写 Writing

1 한자를 병음으로 써 보세요.

(1) 到		(2) 拐	
(3) 左		(4) 座	
(5) 路		(6) 楼	
(7) 前		(8) 怎	

2 병음을 한자로 써 보세요.

(1) zěnme

(2) shízì lùkǒu

(3) jiàoxué lóu

(4) nǎr

3 병음으로 된 문장을 중국어 문장으로 바꾸어 보세요.

(1) Nǎ zuò lóu shì jiàoxué lóu?　　→　～～～～～～～～～～～～～～～～

(2) Dào shízì lùkǒu wǎng zuǒ guǎi.　→　～～～～～～～～～～～～～～～～

(3) Jiàoxué lóu zěnme zǒu?　　→　～～～～～～～～～～～～～～～～

(4) Jiàoxué lóu zài nǎr?　　→　～～～～～～～～～～～～～～～～

4 보기에서 적절한 단어를 골라서 문장을 완성하세요.

보기　　谁　　哪　　哪儿　　怎么

(1) 我的手机在 _____ ?

(2) 请问，她的同学是 _____ 国人?

(3) 小英，我们在 _____ 上课?

(4) 请问，教学楼 _____ 走?

(5) 多情，那个人是 _____ ?

보기　　在　　往

(6) 他家 _____ 前边。

(7) 请 _____ 左走。

(8) 请 _____ 左拐。

1 밑줄 친 부분에 근거하여 질문해 보세요.

(1) 我是<u>中国人</u>。

→ ～～～～～～～～～～～～～～～～～～～～～～～～～～～～

(2) 那个人是<u>我妹妹</u>。

→ ～～～～～～～～～～～～～～～～～～～～～～～～～～～～

(3) 他是<u>我同学</u>。

→ ～～～～～～～～～～～～～～～～～～～～～～～～～～～～

(4) 到十字路口往<u>左</u>边拐。

→ ～～～～～～～～～～～～～～～～～～～～～～～～～～～～

2 주어진 사진을 보고 상황에 맞게 대화를 완성해 보세요.

(1)

Ⓐ 〰〰〰〰〰〰〰〰〰〰〰〰〰〰〰〰〰? (教学楼)

Ⓑ 不远。

(2)

Ⓐ 哪个人是你哥哥？

Ⓑ 〰〰〰〰〰〰〰〰〰〰〰〰〰〰〰〰〰〰

Ⓐ 〰〰〰〰〰〰〰〰〰〰〰〰〰〰〰〰〰？

Ⓑ 那个人是我同学。

(3)

Ⓐ 〰〰〰〰〰〰〰〰〰〰〰〰〰〰? (哪儿)

Ⓑ 我家就在前边。

Ⓐ 〰〰〰〰〰〰〰〰〰〰〰〰〰〰〰〰？

Ⓑ 到十字路口往左拐就是。

听 Listening

1 녹음을 듣고 빈칸을 채워 보세요. 🎧 13-01

(1) 我们班有四 [　　　] 老师，十五 [　　　] 同学。

(2) 他弟弟 [　　　] 8:00 [　　　] 10:00上口语课。

(3) 他的手机 [　　　] 我的手机不 [　　　]。

(4) [　　　] 巧 [　　　]! 我的生日也是1月20号。

2 녹음을 듣고 문장의 옳고 그름을 판단해 보세요. 🎧 13-02

(1) 小英每天上午有课，下午也有课。　　○ ☐　　✕ ☐

(2) 多情周一跟周五的课一样。　　○ ☐　　✕ ☐

(3) 他们的口语老师一样。　　○ ☐　　✕ ☐

(4) 多情的生日是16号。　　○ ☐　　✕ ☐

1 다음 문장을 읽어 보세요. 🎧 13-03

(1) 太好了。 / 太漂亮了。

(2) 你有没有电话？ / 你有没有弟弟？

(3) 你回不回家？ / 你们忙不忙？

(4) 从周一到周五，我有课。 / 从中国到韩国不太远。

(5) 我的生日跟他的生日一样。 / 我的课跟小英的课一样。

(6) 我们班的老师跟他们班的老师不一样。/
我的房间跟他的房间不太一样。

写 Writing

1 한자를 병음으로 써 보세요.

(1) 周 　　　　　　　(2) 师

(3) 太 　　　　　　　(4) 节

(5) 每 　　　　　　　(6) 跟

(7) 样 　　　　　　　(8) 巧

2 병음을 한자로 써 보세요.

(1) lǎoshī 　　　　　　(2) zhōuyī

(3) yíyàng 　　　　　　(4) měitiān

3 병음으로 된 문장을 중국어 문장으로 바꾸어 보세요.

(1) Cóng zhōuyī dào zhōuwǔ, wǒ měitiān hěn máng.

➡

(2) Nǐ yǒu méiyǒu dìdi?

➡

(3) Nǐ jīntiān yǒu jǐ jié kè?

➡

(4) Nǐ míngtiān xiàwǔ yǒu kè ma?

➡

4 보기에서 적절한 단어를 골라서 문장을 완성하세요.

보기   回   去   走   要

(1) 去教学楼请往前 _____ 。

(2) 你好，我 _____ 三个房间。

(3) 现在你妈妈 _____ 家了吗?

(4) 今天下午三点我 _____ 林老师家。

1 보기를 참고하여 정반의문문을 만들어 보세요.

> 보기　他有兄弟姐妹。→ 他有没有兄弟姐妹?

(1) 今天我妹妹有汉语课。

→ ～～～～～～～～～～～～～～～～～～～～～～～～～～～～

(2) 他爸爸是老师。

→ ～～～～～～～～～～～～～～～～～～～～～～～～～～～～

(3) 我妈妈工作很忙。

→ ～～～～～～～～～～～～～～～～～～～～～～～～～～～～

(4) 明天我回家。

→ ～～～～～～～～～～～～～～～～～～～～～～～～～～～～

2 주어진 사진을 보고 상황에 맞게 대화를 완성해 보세요.

(1)

Ⓐ ～～～～～～～～～～～～～～～～～～～～？(有没有)

Ⓑ 我们班没有美国人。你们班呢?

Ⓐ ～～～～～～～～～～～～～～～～～～～～。(跟…一样)

(2)

Ⓐ 你是不是老师?

Ⓑ ～～～～～～～～～～～～～～～～～～。你呢?

Ⓐ 我也不是。

(3)

Ⓐ 你每天从几点到几点上课?

Ⓑ ～～～～～～～～～～～～～。(从…到…)

AM 8:30~11:45

(4)

Ⓐ ～～～～～～～～～～～～～～～～～～～?

Ⓑ 我去林小姐家。

Ⓐ ～～～～～～～～～～～～～～～～～～～?

Ⓑ 不太远。

3 다음 질문에 자유롭게 대답해 보세요.

(1) 你今天有几节课?

→ ～～～～～～～～～～～～～～～～～～～～～～～～～～

(2) 你今天从几点到几点上汉语课?

→ ～～～～～～～～～～～～～～～～～～～～～～～～～～

(3) 你今天有英语课吗?

→ ～～～～～～～～～～～～～～～～～～～～～～～～～～

(4) 你从周一到周五的课一样吗?

→ ～～～～～～～～～～～～～～～～～～～～～～～～～～

听 Listening

1 녹음을 듣고 빈칸을 채워 보세요. 🎧 14-01

(1) 他在 [   ] 呢。

(2) 小英现在在 [   ]。

(3) 你就在 [   ] 等我吧!

(4) 我爸爸今天在家 [   ]。

(5) 我 [   ] 喝咖啡。

(6) 他们明天 [   ]。

2 녹음을 듣고 문장의 옳고 그름을 판단해 보세요. 🎧 14-02

(1) 王平在看电影呢。　　　　　○ ☐　　×☐

(2) 他正在做作业呢。　　　　　○ ☐　　×☐

(3) 现在我在宿舍。　　　　　　○ ☐　　×☐

(4) 他们今天看电影。　　　　　○ ☐　　×☐

1 다음 문장을 읽어 보세요. 🎧 14-03

(1) 你做什么呢？ / 你哥哥做什么呢？ / 你妈妈做什么呢？

(2) 我正在休息呢。 / 他正在上课呢？ / 她正在打电话呢。

(3) 你什么时候来？ / 你什么时候去他家？ / 他什么时候回家？

(4) 我想看电影。 / 现在我想回家。 / 现在我想休息休息。

(5) 你们在等谁呢？ / 她妹妹在等谁呢？ / 王老师在等谁呢？

(6) 我在等我的同学呢。 / 她在等她妈妈呢。 / 林老师在等他弟弟呢。

写 Writing

1 한자를 병음으로 써 보세요.

(1) 时 [   ]　　(2) 想 [   ]

(3) 休 [   ]　　(4) 影 [   ]

(5) 等 [   ]　　(6) 正 [   ]

(7) 看 [   ]　　(8) 宿 [   ]

2 병음을 한자로 써 보세요.

(1) xiūxi 　　　　　　　　　　　(2) diànyǐng

(3) shíhou 　　　　　　　　　　　(4) sùshè

3 병음으로 된 문장을 중국어 문장으로 바꾸어 보세요.

(1) Nǐ māma zài zuò shénme ne?

→

(2) Zánmen xiūxi xiūxi ba.

→

(3) Lǐ xiānsheng zài děng tā nǚ péngyou ne.

→

(4) Wǒ xiànzài xiǎng kàn diànyǐng.

→

4 주어진 동사를 중첩하여 문장을 완성하고, 읽어 보세요.

(1) 小英上课呢。你们 　　　　　　　 她吧！ （等）

(2) 今天我们太忙了！ 　　　　　　　 吧！ （休息）

(3) 你 　　　　　　　 , 你的手机在哪儿呢？ （想）

(4) 这个电影很好，你 　　　　　　　 吧！ （看）

5 보기에서 적절한 단어를 골라서 문장을 완성하세요.

보기 　　呢　　吗

(1) 现在你做什么 ⬚⬚⬚⬚⬚ ?

(2) 明天你去看电影 ⬚⬚⬚⬚⬚ ?

(3) 我们什么时候休息 ⬚⬚⬚⬚⬚ ?

(4) 你的作业做了 ⬚⬚⬚⬚⬚ ?

(5) 他去哪儿 ⬚⬚⬚⬚⬚ ?

说 Speaking

1 그림을 보며 질문에 대답해 보세요.

(1) 他(她)做什么呢?

❶ 　　　❷

(2) 今天下午你想做什么?

❶ 　　　❷

2 주어진 사진을 보고 상황에 맞게 대화를 완성해 보세요.

(1)

Ⓐ _____ ?

Ⓑ 我休息呢。

Ⓐ _____ ? (去老师家)

Ⓑ 下午。

(2)

Ⓐ _____ ?

Ⓑ 没有，我没在等小英。我在等多情呢。

Ⓐ _____ ?

Ⓑ 她在宿舍呢。

(3)

Ⓐ 你想去王老师家吗？

Ⓑ 想去。_____ ?

Ⓐ 他家就在我哥哥家的前边。

(4)

Ⓐ 今天下午你想看电影吗？

Ⓑ 不想。

Ⓐ _____ ?

Ⓑ 今天下午我想做作业。

3 다음 질문에 자유롭게 대답해 보세요.

(1) 现在你想看电影吗？ → ~~~~~~~~~~~~~~~~~~~~~~~~~~~~~~

(2) 今天你想什么时候回家？ → ~~~~~~~~~~~~~~~~~~~~~~~~~~~~

(3) 明天你什么时候上课？ → ~~~~~~~~~~~~~~~~~~~~~~~~~~~~~~

15 과

听 Listening

1 녹음을 듣고 빈칸에 각 인물의 띠를 써 보세요. 🎧 15-01

	인물	띠
(1)	我爸爸	
(2)	我妈妈	
(3)	林小姐的弟弟	

2 녹음을 듣고 보기 중 답을 고르세요. 🎧 15-02

(1) 王老师属什么? （① 虎 / ② 兔）

(2) 李贤秀的爸爸怕不怕他妈妈? （① 怕 / ② 不怕）

(3) 妹妹的生日礼物是什么? （① 小狗 / ② 小虎）

(4) 李先生想什么时候去北京? （① 七月 / ② 一月）

1 다음 문장을 읽어 보세요. 🎧 15-03

(1) 快请进！ / 快走吧！ / 快吃吧！

(2) 我属虎。 / 我妈妈属狗。 / 她妹妹属虎。

(3) 你妹妹太可爱了！ / 这只小狗太可爱了！ / 那只小兔子太可爱了！

(4) 你不怕老虎吗？ / 今天你没有作业吗？ / 你不想去中国吗？

写 Writing

1 한자를 병음으로 써 보세요.

(1) 岁 _____ (2) 爱 _____

(3) 怕 _____ (4) 兔 _____

(5) 狗 _____ (6) 坐 _____

(7) 吃 _____ (8) 礼 _____

2 병음을 한자로 써 보세요.

(1) lǎohǔ _____ (2) lǐwù _____

(3) kě'ài _____ (4) jīnnián _____

3 병음으로 된 문장을 중국어 문장으로 바꾸어 보세요.

(1) Nǐ nán péngyou shǔ shénme?

→ _____

(2) Wǒ bú pà lǎohǔ.

→ _____

(3) Zhè zhī xiǎogǒu tài kě'ài le.

→ _____

(4) Wǒ jīnnián èrshíbā suì le.

→ _____

4 그림을 보며 질문에 대한 답을 써 보세요.

(1) 他属什么?

❶ 　❷ 　❸

_____

(2) 她的生日礼物是什么?

❶ 　❷ 　❸

_____

1 주어진 사진을 보고 상황에 맞게 대화를 완성해 보세요.

(1)

Ⓐ 李老师, ~~~~~~~~~~~~~~~~~~~~~~~~~?

Ⓑ 我的生日是2月17号。

Ⓐ ~~~~~~~~~~~~~~~~~~~~~~~~~~~~~~~~?

Ⓑ 我属虎。

(2)

Ⓐ ~~~~~~~~~~~~~~~~~~~~~~~~~~~~~~~~?

Ⓑ 她是我妹妹。

Ⓐ 她属什么?

Ⓑ ~~~~~~~~~~~~~~~~~~~~~~~~~~~ (兔)

(3)

Ⓐ 今天上午你没有课吗?

Ⓑ 我没有课。

Ⓐ ~~~~~~~~~~~~~~~~~~~~~~~~~~~~~~~~?

Ⓑ 下午有。

Ⓐ ~~~~~~~~~~~~~~~~~~~~~~~~~~~~~~~~?

Ⓑ 两节。

3 다음 질문에 자유롭게 대답해 보세요.

(1) 你的生日是几月几号？

→ ～～～～～～～～～～～～～～～～～～～～～～～～～～～

(2) 你爸爸的生日是什么时候？

→ ～～～～～～～～～～～～～～～～～～～～～～～～～～～

(3) 你怕老虎吗？

→ ～～～～～～～～～～～～～～～～～～～～～～～～～～～

(4) 你想什么时候去中国？

→ ～～～～～～～～～～～～～～～～～～～～～～～～～～～

(5) 你属什么？你爸爸、妈妈呢？

→ ～～～～～～～～～～～～～～～～～～～～～～～～～～～

16 과

1 녹음을 듣고 보기 중 답을 고르세요. 🎧 16-01

(1) 今天下午贤秀做什么?　　　　　　　(① 上课 / ② 看电影)

(2) 多情一个星期有多少节课?　　　　　(① 4节 / ② 20节)

(3) 今天星期几?　　　　　　　　　　　(① 星期六 / ② 星期天)

(4) 今天几月几号?　　　　　　　　　　(① 9月28号 / ② 9月27号)

(5) 小英的手机号码是多少?　　(① 13611175079 / ② 13611775079)

2 다음 녹음을 듣고 문장의 옳고 그름을 판단하세요. 🎧 16-02

(1) 从贤秀家到小英家不太远。　　　　○ □　　　✕ □

(2) 今天是王老师的生日。　　　　　　○ □　　　✕ □

(3) 两个班的口语老师一样。　　　　　○ □　　　✕ □

(4) 林小姐下午也去贤秀家。　　　　　○ □　　　✕ □

(5) 林小姐今天不忙。　　　　　　　　○ □　　　✕ □

1 다음 문장을 읽어 보세요. 🎧 16-03

(1) 爸爸，你错了！妈妈的生日是12月27号。

(2) 今天是我的生日。同学们祝我生日快乐！

(3) 请问，你有没有手机？号码是多少？

(4) 进学生宿舍，请您出示您的证件。

(5) 太糟糕了！今天我迟到了！

(6) 往前走，到十字路口往左拐就是王老师家。

(7) 今天下午1:15到2:45我有口语课。

(8) 太巧了！明天我也想看电影。

1 밑줄 친 부분에 근거하여 질문을 만들어 보세요.

(1) 她每天有<u>五节课</u>。

   →

(2) 我哥哥的电话号码是<u>82314567</u>。

   →

(3) 妈妈的生日是<u>11月12号</u>。

   →

(4) 林小姐每天早上<u>10点</u>上课。

   →

(5) 我的那个同学是<u>日本人</u>。

   →

(6) 那个人是<u>我的同学</u>。

   →

2 주어진 사진을 보고 상황에 맞게 대화를 완성해 보세요.

(1)

明天

Ⓐ 你的生日是今天吗？

Ⓑ ＿＿＿＿＿＿＿＿＿＿＿＿ (不是…，是…)

(2)

월요일~금요일

Ⓐ 你每天都有课吗？

Ⓑ ＿＿＿＿＿＿＿＿＿＿＿＿。(从…到…)

(3)

Ⓐ 我很怕我爸爸，你呢？

Ⓑ ＿＿＿＿＿＿＿＿＿＿。(跟…一样…)

(4)

Ⓐ 请问，去学生宿舍怎么走？

Ⓑ ＿＿＿＿＿＿＿＿＿＿＿＿。(往…)

1 주어진 사진을 보고 상황에 맞게 대화를 완성해 보세요.

(1)

Ⓐ _____?

Ⓑ 星期四。

Ⓐ _____?

Ⓑ 我明天上午8:00有课。

(2)

Ⓐ _____?

Ⓑ 我每天7:00起床。

Ⓐ _____?

Ⓑ 我上午从8:00到11:00上课。

(3)

Ⓐ _____?

Ⓑ 我在等李贤秀呢。

Ⓐ _____?

Ⓑ 我们去小英家。今天是她的生日。

(4)

Ⓐ _____?

Ⓑ 我家有两只小狗。

Ⓐ _____?

Ⓑ 一个叫Lily，一个叫Tommy。

Ⓐ _____?

Ⓑ 对呀！我属狗。

WORKBOOK

모범 답안 및 녹음 지문

01과

听 Listening

1 (1) ü (2) e (3) o (4) i

2 (1) pó (2) fǔ (3) nà (4) tī

写 Writing

1 (1) 五 (2) 一 (3) 八

2 (1) tā (2) māma (3) nǚ (4) nǐ

3 (1) 爸爸 (2) 马 (3) 妈妈 (4) 八

02과

听 Listening

1 (1) ei (2) ang (3) en

2 (1) gǎi (2) hāo (3) hāng

写 Writing

1 (1) hǎo (2) hěn (3) mā
(4) máng (5) tài (6) mèi

2 (1) 哥哥 (2) 妈妈 (3) 弟弟
(4) 妹妹 (5) 爸爸

3 (1) 他(她)妈妈不太忙。
(2) 他(她)妹妹不太忙。
(3) 你哥哥忙吗?

说 Speaking

1 (1) B: 你好!
(2) A: 他忙吗?
(3) B: 我很忙。
    A: 我不太忙。

03과

听 Listening

1 (1) ia (2) ian (3) ing

2 (1) xián (2) jīng (3) qiǎo

写 Writing

1 (1) nín (2) piào (3) hē (4) jiě
(5) qǐng (6) kè (7) jìn (8) jiā

2 (1) 五 (2) 七 (3) 八 (4) 六

3 (1) 请喝可乐。
(2) 你姐姐家很漂亮。
(3) 不客气。
(4) 他(她)很好。
(5) 您好。

说 Speaking

1 (1) B: 不客气!
(2) B: 谢谢!
(3) B: 谢谢。

04과

听 Listening

1 (1) shuā (2) chuài (3) luǎn

2 (1) guō (2) shǒu (3) kuǎn

3 (1) wén (2) xiào (3) xíng

4 (1) ❶ (2) ❷

녹음
지문 (1) 小姐 (2) 爸爸

写 Writing

1 (1) wèn (2) jiào (3) shì (4) xìng
(5) duì (6) huān (7) xiǎo (8) xiān

2 (1) 欢迎 (2) 先生 (3) 小姐 (4) 请问

3 (1) 欢迎您。
(2) 我叫李贤秀。
(3) 她是金小姐。

4 (1) 姓, 叫 (2) 姓, 叫

说 Speaking

1 (1) B: 我姓(본인 성씨)。
(2) A: 您贵姓?
(3) B: 我叫(본인 이름)。
(4) A: 她姓什么?
(5) A: 她叫什么名字?

听 Listening

1 (1) rùn   (2) xū   (3) nǚ

2 (1) lǜ   (2) xuán   (3) yùn

3 (1) yú   (2) quǎn   (3) jūn

4 (1) ❷   (2) ❶   (3) ❶

녹음 지문   (1) 韩国   (2) 十   (3) 汉语

写 Writing

1 (1) zhè   (2) nà   (3) nǎ   (4) shéi
   (5) wèi   (6) běn   (7) Hán   (8) Hàn

2 (1) 韩国   (2) 日本   (3) 同学   (4) 美国

3 (1) qī, 7(칠)   (2) shí, 10(십)   (3) bā, 8(팔)
   (4) liù, 6(육)   (5) jiǔ, 9(구)   (6) wǔ, 5(오)

4 (1) 这位先生是谁？
   (2) 他(她)是谁？
   (3) 你是哪国人？
   (4) 你同学是哪国人？

说 Speaking

1 (1) A: 这位小姐是谁？ / 她是谁？
   (2) A: 那位先生是中国人吗？ / 他是中国人吗？
   (3) B: 她是韩国人。
   (4) A: 您贵姓？
      A: 您是韩国人吗？

听 Listening

1 (1) cài   (2) zǒu   (3) zǎn

2 (1) cūn   (2) shuǎng   (3) zuǒ

3 (1) wéi   (2) huì   (3) wǔ

4 (1) ❶   (2) ❶

녹음 지문   (1) 打电话   (2) 上午

写 Writing

1 (1) wèi / wéi (2) zài   (3) jiàn   (4) lái
   (5) huí   (6) ba   (7) dǎ   (8) zài

2 (1) 上午   (2) 下午   (3) 电话   (4) 再见

3 (1) sān, 3(삼)   (2) sì, 4(사)   (3) shí, 10(십)
   (4) liù, 6(육)   (5) jiǔ, 9(구)   (6) yī, 1(일)

4 (1) 你同学是韩国人吧？
   (2) 我爸爸妈妈下午回来。
   (3) 李先生不在。
   (4) 金小姐在吗？

说 Speaking

1 (1) B: 再见！
   (2) A: 金小姐在吗？
      B: 您贵姓？
   (3) B: 他是我同学。
      A: 他懂汉语吗？

听 Listening

1 (1) fá   (2) rán   (3) jiā

2 (1) huàn   (2) sēn   (3) réng

3 (1) kōu   (2) yòu   (3) liǎng

4 (1) 和   (2) 九   (3) 姓   (4) 回

녹음 지문   (1) hé   (2) jiǔ
         (3) xìng   (4) huí

写 Writing

1 (1) yǒu   (2) kǒu   (3) méi   (4) yě
   (5) hé   (6) liǎng   (7) nǎi   (8) yé

2 (1) 独生女   (2) 兄弟   (3) 姐妹   (4) 爷爷

3 (1) èr, 2(이)   (2) bā, 8(팔)   (3) sì, 4(사)
   (4) shí, 10(십)   (5) qī, 7(칠)   (6) sān, 3(삼)

4 (1) 我没有兄弟姐妹。
   (2) 李先生家有三口人。
   (3) 谢谢你和李先生。
   (4) 李先生和林小姐是同学。

1 (1) A: 他家有几口人?

(2) A: 你有姐姐吗?

(3) A: 你有几个妹妹?

08과

听 Listening

1 (1) dōu tīng　　(2) shāngpǐn　　(3) dǎjià

(4) huòzhě　　(5) rénshēng

2 (1) X　　　　(2) O　　　　(3) X

(4) X　　　　(5) X

녹음
지문

(1) 林小姐是独生女。

(2) 他在北京学习汉语。

(3) 我家有四口人。

(4) 她叫李小英。

(5) 她有九个中国朋友。

写 Writing

1 (1) 漂亮　　(2) 同学　　(3) 先生

(4) 再见　　(5) 欢迎　　(6) 下午

2 (1) 李先生和金小姐是同学。

(2) 我也没有兄弟姐妹。

(3) 我不是独生女。

(4) 李先生在中国学习汉语。

(5) 我爸爸在公司工作。

3 (1) 有　　(2) 姓　　(3) 在

(4) 喝　　(5) 懂

说 Speaking

1 (1) A: 你是哪国人?

(2) A: 你叫什么名字?

(3) A: 林小姐在吗?

B: 不客气。

(4) A: 你家有几口人?

A: 你学习汉语吗?

A: 你有中国朋友吗?

09과

听 Listening

1 (1) 8, 30　　　　(2) 2, 18

(3) 10, 4　　　　(4) 3, 12

녹음
지문

(1) 明天是8月30号。

(2) 我的生日是2月18号。

(3) 他爸爸的生日是10月4号。

(4) 星期五是3月12号。

2 (1) ②　　(2) ①　　(3) ②　　(4) ①

녹음
지문

(1) 今天不是星期四，是星期五。

(2) 他妹妹9月28号回来。

(3) 明天是7月17号。

(4) 今天星期天。

3 (1) X　　(2) O　　(3) X　　(4) O

녹음
지문

(1) 明天7月19号，是李小姐的生日。

(2) A: 今天星期六吗?

B: 是啊!

(3) A: 你哥哥几号回来?

B: 他15号回来。

(4) A: 贤秀，你的生日是几月几号?

B: 4月30号。

写 Writing

1 (1) xīng　　(2) jīn　　(3) men　　(4) cuò

(5) lè　　(6) zhù　　(7) yuè　　(8) hào

2 (1) 生日　　(2) 快乐　　(3) 你们　　(4) 星期天

3 (1) 今天九月十二号，星期日。

(2) 明天六月二十八号，星期三。

(3) 祝你生日快乐。

(4) 你错了。

说 Speaking

1 (1) 明天几号?

(2) 星期五是几月几号?

(3) 6月19号是星期几?

(4) 你爷爷的生日是几月几号，星期几?

2 (1) A: 星期几?

(2) A: 明天是20号吗?

(3) B: 十二月二十八号。

A: 你的生日是星期几?

听 Listening

1 (1) 62327705　　(2) 86735411

(3) 42755524　　(4) 89602055

녹음
지문
(1) 林小英的电话号码是62327705。
(2) 金多情的电话号码是86735411。
(3) 李贤秀的电话号码是42755524。
(4) 我哥哥的电话号码是89602055。

2 (1) ②　　　　(2) ①　　　　(3) ②

녹음
지문
(1) 她的房间号码是1924。
(2) 林小姐家的电话号码是81734120。
(3) 他有四个兄弟姐妹。

3 (1) X　　　　(2) O　　　　(3) X

녹음
지문
(1) A: 贤秀，你的房间号码是1214吗？
　　B: 小英，你错了。我的房间号码是1274。
(2) A: 金小姐，你的电话号码是多少？
　　B: 62771505。
(3) A: 请出示你的护照。
　　B: 我没有护照。我有身份证。

写 Writing

1 (1) mǎ　　(2) duō　　(3) líng　　(4) nán

(5) jī　　(6) shēn　　(7) zhèng　　(8) hù

2 (1) 房间　　(2) 出示　　(3) 护照　　(4) 多少

3 (1) 我的手机号码是13601578995。
(2) 这是我的身份证。
(3) 我家有三个房间。
(4) 我没有护照。

4 (1) 出示　　　(2) 喝　　　(3) 要

说 Speaking

1 (1) 李先生的手机号码是多少？
(2) 林小英有多少个同学？
(3) 你的房间号码是多少？
(4) 金小姐家有几个房间？

2 (1) B: 有。
　　 A: 你的手机号码是多少？
(2) A: 你有弟弟吗？
　　 B: 你呢？
(3) A: 你家的电话号码是多少？

听 Listening

1 (1) 8：10　　(2) 3：15　　(3) 8：50

(4) 4：30　　(5) 2：40　　(6) 7：26

녹음
지문
(1) 八点十分　　　(2) 三点一刻
(3) 差十分九点　　(4) 四点半
(5) 两点四十分　　(6) 七点二十六分

2 (1) ①　　(2) ②　　(3) ②　　(4) ②

녹음
지문
(1) A: 现在几点？
　　B: 差15分九点。
(2) A: 她们几点走？
　　B: 十一点一刻。
(3) A: 林小姐明天几点回来？
　　B: 明天下午两点半。
(4) A: 他们几点上课？
　　B: 差十分九点。

写 Writing

1 (1) xiàn　(2) zán　(3) bàn　(4) chà

(5) kè　(6) kè　(7) diǎn　(8) fēn

2 (1) 起床　　(2) 糟糕　　(3) 迟到　　(4) 下课

3 (1) 现在差五分两点。
(2) 你们几点上课？
(3) 我今天没迟到。
(4) 你几点起床？

4 (1) 几　　　(2) 几　　　(3) 几
(4) 多少　　(5) 几，几

说 Speaking

1 (1) 今天我没迟到。
(2) 他哥哥没来中国。
(3) 他们没走。
(4) 我没有手机。
(5) 现在不是十二点半。

2 (1) A: 现在几点了？
(2) A: 你几点起床？
　　 A: 七点十分。
(3) B: 八点四十五分。/ 差一刻九点。/ 八点三刻。
　　 A: 几点回来？

听 Listening

1 (1) 哪   (2) 哪儿   (3) 那
    (4) 个   (5) 座   (6) 位

       (1) 哪个人是她哥哥?
       (2) 我的手机在哪儿?
녹음   (3) 那座楼就是教学楼。
지문   (4) 那个人是你弟弟吗?
       (5) 哪座楼是教学楼?
       (6) 那位同学是谁?

2 (1) X   (2) X   (3) O

       (1) A: 小英, 你家在哪儿?
           B: 就在马先生家的左边。
녹음   (2) A: 多情, 你家远吗?
지문   B: 不远。前边的那座楼就是。
       (3) A: 请问, 教学楼怎么走?
           B: 往前走, 在十字路口的左边。

写 Writing

1 (1) dào   (2) guǎi   (3) zuǒ   (4) zuò
    (5) lù   (6) lóu   (7) qián   (8) zěn

2 (1) 怎么   (2) 十字路口
    (3) 教学楼   (4) 哪儿

3 (1) 哪座楼是教学楼?
    (2) 到十字路口往左拐。
    (3) 教学楼怎么走?
    (4) 教学楼在哪儿?

4 (1) 哪儿   (2) 哪   (3) 哪儿   (4) 怎么
    (5) 谁   (6) 在   (7) 往   (8) 往

说 Speaking

1 (1) 你是哪国人?
    (2) 那个人是谁?
    (3) 他是谁?
    (4) 到十字路口往哪边拐?

2 (1) A: 教学楼远吗?
    (2) B: 我右边的人就是。
         A: 你左边的人是谁?
    (3) A: 你家在哪儿?
         A: 怎么走?

听 Listening

1 (1) 位, 个   (2) 从, 到
    (3) 跟, 一样   (4) 太, 了

       (1) 我们班有四位老师, 十五个同学。
녹음   (2) 他弟弟从8:00到10:00上口语课。
지문   (3) 他的手机跟我的手机不一样。
       (4) 太巧了! 我的生日也是1月20号。

2 (1) X   (2) O   (3) O   (4) X

       (1) A: 小英, 现在我每天上午有三节课, 下午
             没有课。
          B: 我跟你一样。
       (2) A: 多情, 你每天有几节课?
          B: 从周一到周五, 每天上午有四节课, 下
녹음   午没有课。
지문   (3) A: 你们班的口语老师叫王平吗?
          B: 是啊!
          A: 太巧了! 我们班的口语老师也是王平。
       (4) A: 贤秀, 明天几号?
          B: 16号。
          A: 明天是多情的生日。

写 Writing

1 (1) zhōu   (2) shī   (3) tài   (4) jié
    (5) měi   (6) gēn   (7) yàng   (8) qiǎo

2 (1) 老师   (2) 周一   (3) 一样   (4) 每天

3 (1) 从周一到周五, 我每天很忙。
    (2) 你有没有弟弟?
    (3) 你今天有几节课。
    (4) 你明天下午有课吗?

4 (1) 走   (2) 要   (3) 回   (4) 去

说 Speaking

1 (1) 今天你妹妹有没有汉语课?
    (2) 他爸爸是不是老师?
    (3) 你妈妈工作忙不忙?
    (4) 明天你回不回家?

2 (1) A: 你们班有没有美国人?
         A: 我们班跟你们班一样。
    (2) B: 我不是。

(3) B: 从八点半到十一点三刻。

(4) A: 你去哪儿？

A: 她家远吗？

14과

听 Listening

1 (1) 做作业 　　(2) 宿舍 　　(3) 那儿

(4) 休息 　　(5) 想 　　(6) 看电影

**녹음
지문** (1) 他在做作业呢。
(2) 小英现在在宿舍。
(3) 你就在那儿等我吧！
(4) 我爸爸今天在家休息。
(5) 我想喝咖啡。
(6) 他们明天看电影。

2 (1) X 　　(2) O 　　(3) X 　　(4) O

**녹음
지문** (1) A: 王平做什么呢？
B: 他正在打电话呢。
(2) A: 你哥哥在做什么呢？
B: 他做作业呢。
(3) A: 你在哪儿呢？
B: 我在家呢。
(4) A: 你们什么时候看电影？
B: 今天下午三点。

写 Writing

1 (1) shí 　(2) xiǎng 　(3) xiū 　(4) yǐng

(5) děng 　(6) zhèng 　(7) kàn 　(8) sù

2 (1) 休息 　(2) 电影 　(3) 时候 　(4) 宿舍

3 (1) 你妈妈在做什么呢？
(2) 咱们休息休息吧。
(3) 李先生在等他女朋友呢。
(4) 我现在想看电影。

4 (1) 等等 　(2) 休息休息 　(3) 想想 　(4) 看看

5 (1) 呢 　　(2) 吗 　　(3) 呢

(4) 吗 　　(5) 呢

说 Speaking

1 (1) ❶ 他在学习呢。

❷ 她在打电话呢。

(2) ❶ 今天下午我想看电影。

❷ 今天下午我想做作业。

2 (1) A: 你做什么呢？

A: 你什么时候去老师家？

(2) A: 你在等小英吗？

A: 她在哪儿？

(3) B: 王老师家在哪儿？

(4) A: 今天下午你想做什么？

15과

听 Listening

1 (1) 虎 　　(2) 兔 　　(3) 狗

**녹음
지문** (1) 我爸爸属虎。
(2) 我妈妈属兔。
(3) 林小姐的弟弟属狗。

2 (1) ① 　　(2) ① 　　(3) ① 　　(3) ①

**녹음
지문** (1) A: 您属什么，王老师？
B: 我属老虎。贤秀，你呢？
A: 我属兔。
(2) A: 贤秀，你爸爸怕不怕你妈妈？
B: 他很怕她。
(3) A: 妹妹，这是你的生日礼物吗？
B: 是啊！
A: 是什么？
B: 一只小狗。
(4) A: 李先生，你想什么时候去北京？
B: 今年七月。

写 Writing

1 (1) suì 　(2) ài 　(3) pà 　(4) tù

(5) gǒu 　(6) zuò 　(7) chī 　(8) lǐ

2 (1) 老虎 　(2) 礼物 　(3) 可爱 　(4) 今年

3 (1) 你男朋友属什么？
(2) 我不怕老虎。
(3) 这个小狗太可爱了。
(4) 我今年二十八岁了。

4 (1) ❶ 虎 　❷ 兔 　❸ 狗
(2) ❶ 手机 　❷ 咖啡 　❸ 书

1 (1) A: 您的生日是几月几号?

　　　A: 您属什么?

　　(2) A: 这位小姐是谁?

　　　B: 属兔。

　　(3) A: 下午呢?

　　　A: 有几节课?

16과

听 Listening

1 (1) ①　　　(2) ②　　　(3) ①

　　(4) ②　　　(5) ①

녹음
지문

　　(1) A: 贤秀，今天下午你看电影吗?

　　　B: 我不看，下午我有课。

　　(2) A: 多情，咱们的课一样。

　　　B: 是啊。从周一到周五，每天有四节课。

　　(3) A: 今天是星期天吗?

　　　B: 不是，今天周六。

　　(4) A: 小英，你的生日不是今天吗?

　　　B: 不是，是明天，9月28号。

　　(5) A: 小英，你的手机号码是多少?

　　　B: 13611175079。

2 (1) O　　　(2) O　　　(3) O

　　(4) X　　　(5) X

녹음
지문

　　(1) A: 贤秀，从小英家到你家远吗?

　　　B: 不太远。

　　(2) A: 王老师，祝你生日快乐!

　　　B: 谢谢。

　　(3) A: 你们班的口语老师也是王平吗?

　　　B: 是啊!

　　(4) A: 林小姐，今天下午我想去贤秀家，你去吗?

　　　B: 今天下午我有两节课。

　　(5) A: 林小姐你今天也忙吧?

　　　B: 是啊!

写 Writing

1 (1) 她每天有几节课?

　　(2) 你哥哥的电话号码是多少?

　　(3) 妈妈的生日是几月几号?

　　(4) 林小姐每天早上几点上课?

　　(5) 你的那个同学是哪国人?

　　(6) 那个人是谁?

2 (1) 我的生日不是今天，是明天。

　　(2) 我从周一到周五每天都有课。

　　(3) 我跟你一样，很怕我爸爸。

　　(4) 往前走就是。

说 Speaking

1 (1) A: 今天星期几?

　　　A: 你明天几点有课?

　　(2) A: 你每天几点起床?

　　　A: 你从几点到几点上课?

　　(3) A: 你在等谁呢?

　　　A: 你们去哪儿?

　　(4) A: 你家有几只小狗?

　　　A: 叫什么名字?

　　　A: 你属狗吗?